WUNDERBARE WAHRHEITEN über das EHELEBEN

ALEXANDRA LÖHR

GROH

Liebes Ehepaar,

herzlichen Glückwunsch zur Hochzeit! Ihr habt euch getraut und Ja zueinander gesagt. Das Eheversprechen stellt einen großen Schritt im Leben dar, denn mit diesem Liebesbekenntnis beginnt für euch eine gemeinsame Zeitrechnung. Ihr schlüpft in die Rollen der Ehefrau oder des Ehemannes. Und wenn ihr euch nach einer gewissen Eingewöhnungszeit in euren neuen Positionen eingerichtet habt, kommt unweigerlich die Phase, in der ihr euch charakterlich quasi nackt macht, euch mit all euren Macken, Ticks, Wünschen und Vorzügen zeigt. Niemand kann sich

bis zum Ende seiner Tage zusammenreißen und perfekt präsentieren – außer der Queen natürlich. Mit diesen neuen Informationen und Verhaltensweisen muss euer Liebster bzw. eure Liebste klarkommen. Die Reaktionen können von Schock bis Liebestaumel reichen. Ja, die Ehe ist ein unberechenbares Abenteuer, das euch starke Nerven abverlangt.
Damit ihr gut in eure Zweisamkeit starten und sie genießen könnt, erfahrt ihr auf den nächsten Seiten ein paar wunderbare Wahrheiten, die euch mit einem Augenzwinkern Einblicke in das Eheleben mit all seinen Fallstricken und Vorteilen gewähren. In guten wie in schlechten Zeiten ... Mögen es gute Zeiten für euch sein! Viel Vergnügen bei der Lektüre wünscht euch

Alexandra Löhr (verheiratet im 23. Ehejahr)

Und wenn von Mann und Frau die Rede sein sollte in den folgenden Kapiteln, ist es doch meine Intention, jede partnerschaftliche Kombination mit einzubeziehen – liebe Damen, liebe Herren!

Die Wahrheit über *Verbindlichkeit*

Mit eurer Eheschließung habt ihr Ja zueinander gesagt. Diesem lebensverändernden Bekenntnis folgen recht schnell unglaublich viele andere Jas, zum Beispiel: ein Ja zu einem Leben in einer Wohnung oder einem Haus mit geteilter Miete oder schwindelerregendem Kredit; ein Ja zu einer Haushaltskasse bis hin zum Gemeinschaftskonto; ein Ja zu teuren Anschaffungen von einer neuen Küche bis hin zum Designersofa; ein Ja zum gemeinsamen Wagen und so manche Jas mehr. Die Königsliga der Ja-Worte, die absolute Übereinstimmung verlangt, ist die Familienplanung.

Diese neuen Entscheidungen schweißen euch zusammen, können aber auch gleichzeitig gefährliche Stolpersteine für euer junges Eheglück sein, wenn nur einer von euch die Ansagen macht, das dicke Portemonnaie oder Ansprüche und Vorstellungen hat, die keine Kompromisse dulden.

ALSO AUFGEPASST BEI DEN GANZ WICHTIGEN JAS. SIE FORDERN BEDINGUNGSLOSE EHRLICHKEIT UND EINIGKEIT. Nur wenn die getroffenen Entscheidungen und die dadurch entstehenden Verbindlichkeiten euch beiden passen, sind sie richtig. Raubt auch nur eines dieser Jas einem von euch den Schlaf, ist ein klärendes Gespräch angesagt.

Die Wahrheit über den Gebrauch von Wörtern

In politischen Rededuellen wird sehr genau darauf geachtet, dass alle anwesenden Gäste gleich lange Redezeiten erhalten. Geht ihr mit solch einem Anspruch in eure Ehe, werdet ihr eine ziemliche Überraschung erleben.
Frauen steht von Natur aus ein schier unerschöpfliches Repertoire an Wörtern zur Verfügung, und das zu jeder Tages- und Nachtzeit. Das gilt besonders für Ehefrauen, die dank täglicher Übung ihre Wortgewalt noch verfeinern können. Eine faszinierende Leistung, die kein Mann erbringen und nur in Ausnahmefällen gut ertragen kann.
Warum? Der männlichen Bevölkerung wird von Geburt an eine sehr konkrete und ziemlich überschaubare Anzahl von Wörtern zur Verfügung gestellt, die sie sehr sparsam und mit viel Bedacht verwenden. Besonders unter Ehefrauen hat sich der Eindruck verfestigt, dass der verheiratete

Mann so vermeiden will, dass ihm in seiner Ehe zu früh die Worte ausgehen.

Mit diesen sehr unterschiedlichen Ausgangspositionen startet eventuell nun auch ihr ins Eheleben.

ANFÄNGLICH VERSUCHEN SICH EHEFRAUEN VIELLEICHT NOCH IM DIPLOMATISCHEN SCHWEIGEN, WÄHREND SICH EHEMÄNNER UM ZEITGERECHTE ANTWORTEN BEMÜHEN.

Doch schnell wird der Zeitpunkt kommen, da ist für ihn alles gesagt, während sie noch so viel zu sagen hat ...

HM.

Die Wahrheit über perfekte Ehen

Sorry, aber so etwas wie eine perfekte Ehe gibt es nicht, und mit hoher Wahrscheinlichkeit werdet ihr auch nicht die Ersten sein, die eine führen. Das ist kein Grund zur Panik, ganz im Gegenteil. Wenn ihr von Anfang an akzeptiert, dass euer Streben nach ununterbrochener Glückseligkeit zum Scheitern verurteilt und somit eure überhöhte Erwartungshaltung kontraproduktiv ist, könnt ihr euch umgehend auf den viel erfolgsversprechenderen Weg zu einer unperfekten Ehe begeben. **WIRD EUER GEMEINSAMER WEG STÄNDIG JUSTIERT UND KORRIGIERT, KOMMT ES SELTEN ZU GROSSEN KATASTROPHEN.** In jeder Phase – sei es als frisch verliebtes oder als kinderloses Paar, als junge Eltern, als mittelalte Familienoberhäupter, als reifes Paar und schließlich Senioren – stellt das Leben andere Anforderungen an euch und euren Alltag. Also gilt es, ständig das eigene Verhalten und die Erwartungen an die neue

Situation anzupassen. In einem langen Eheleben kann das von unzähligen kleinen Korrekturen bis hin zu großen Umwälzungen alles sein. Nur so werdet ihr eure Diamanthochzeit feiern, und zwar strahlend, händchenhaltend und topfit. Werft zu hohe Erwartungshaltungen an euch, euren Partner und an das Konstrukt Ehe noch heute über Bord. Wie befreiend!

Die Wahrheit über Lieblingskleidung

Schatz, du trägst ja schon wieder deine ausgewaschene Jogginghose mit den Flecken.
Ja, na und? Die ist superbequem.
Seit wann hast du das gute Stück schon?
Seit der EM 2004, wieso fragst du?
Sollte euch dieses Gespräch bekannt vorkommen, haltet kurz inne und lasst den Inhalt auf euch wirken. Die eigentliche Message ist doch: Du hast unmögliche Kleidung an, in der du mir nicht gefällst. Und es ist ganz egal, ob es sich um einen Fetzen von Sporthose bei Mr. Right oder um einen Ganzkörper-Plüschanzug bei Mrs. Right handelt, der an einen Kindergeburtstag erinnert. Wenn ihr euch mit dem Lieblingsstück von eurem Schatz so überhaupt nicht anfreunden könnt, gibt es zwei Möglichkeiten.

Ihr versucht, die gräss-
liche Klamotte zu ignorieren, höchstwahrscheinlich kommt es dann nicht zu spontanem Sex – obwohl, dann wäre das Kleidungsstück ausgezogen ... ODER, IHR SAGT SEHR KLAR, ABER LIEBEVOLL UND DIPLOMATISCH, DASS DIESER FETZEN LEIDER AUS EUREM GEMEINSAMEN LEBEN VERSCHWINDEN SOLLTE, WENN IHR WEITERHIN EINE LIEBESBEZIEHUNG HABEN WOLLT. (Vielleicht ist die erste Option die bessere ...) Wenn das alles nicht hilft, könnt ihr immer noch anbieten, dass das gute Stück heimlich zu Hause dauergetragen werden kann, wenn ihr nicht anwesend seid. Na, wie wäre das?

Die Wahrheit über *Rituale*

Spätestens mit Kindern halten sie Einzug in eurer Ehe: die Rituale. Doch warum darauf warten? Startet sofort im ersten Ehejahr damit. Wie wollt ihr eure Geburtstage zelebrieren? Vielleicht mit einem Geschenketisch inklusive Kuchen und Kerzen am Morgen, bevor die ersten Anrufe der Gratulanten eintrudeln? Oder gibt es schon nachts um zwölf Uhr die erste Überraschung, bei Kerzenschein und einem Glas Wein? Wie stellt ihr euch das Weihnachtsfest vor? Feiert ihr am Heiligen Abend zu zweit mit wunderschön geschmücktem Baum und einem köstlichen selbst gekochten Essen? In Hintergrund läuft leise Weihnachtsmusik? Oder sitzt ihr im Auto oder in der Bahn auf dem Weg zu euren Familien?

JE FRÜHER IHR RITUALE ERSCHAFFT, DESTO SCHNELLER WERDET IHR ZU EINER EINHEIT UND KÖNNT KLAR EUREN FAMILIEN UND FREUNDEN KOMMUNIZIEREN, WANN UND WIE IHR SIE EINBINDEN WOLLT.

Besonders für die wichtigen Feste solltet ihr früh eine eigene Planung haben, denn eure Eltern und Großeltern haben ja bereits seit vielen Jahren ihre festgelegten Rituale und Erwartungen. Wenn dann das Gespräch darauf kommt, solltet ihr vorbereitet sein. Nicht, dass du Mama die Weihnachtsgans zusagst, während sich dein Liebling eine wunderbare Zeit zu zweit vorstellt.

Die Wahrheit über häusliche Ordnung

Liebling, machst du bitte die Küche sauber!
Hab ich doch schon!
Stapeln sich jetzt in der Küche noch Töpfe und Teller und verrät der Abfluss im Spülbecken das Drei-Gänge-Menü, ist Ärger angesagt. Wie können zwei Menschen, die sich lieben und so vieles harmonisch

teilen, so unterschiedliche Auffassungen von Ordnung haben? Diese Frage habt ihr euch doch auch schon heimlich gestellt?
Ihr könnt eure Ansprüche herunterfahren, toleranter werden. Das ist eine Lösungsmöglichkeit. Sie steht jedoch zumeist auf wackeligen Beinen. Kommt auch nur ein Stressfaktor hinzu, knickt sie buchstäblich ein. Vielleicht klappt es mit beiderseitiger Annäherung: mehr Bemühung auf der einen, mehr Toleranz auf der anderen Seite. Eine weitere Variante: Manche Paare teilen ihre häuslichen Pflichten strikt in Bereiche auf wie Küche, Bad, Staubsaugen. Auch kleinteilige Lösungen können helfen: Der Koch muss nicht spülen. Wer den Tisch deckt, muss ihn nicht abräumen ...
DIESES STREITTHEMA IST HARTNÄCKIG, ALSO LOHNT ES SICH, HIER EINE LÖSUNG ZU FINDEN – SOLLTE SIE AUCH NOCH SO INDIVIDUELL SEIN – SONST WERDET IHR MIT ZUNEHMENDEN EHEJAHREN DER LORIOTSCHEN VORSTELLUNG EINES EHEPAARES IMMER ÄHNLICHER. Das ist hochunterhaltsam für die Zuschauer, jedoch nicht für die Akteure.

Die Wahrheit über
Biorhythmen

Seid ihr beide Frühaufsteher oder haben sich eine Lerche und eine Eule ineinander verliebt? Während eine von euch morgens um sechs Uhr schon putzmunter ist, um den Tag in Angriff zu nehmen, macht der andere die Nacht zum Tag? Solltet ihr dazu noch unterschiedlich ausgeprägte biologische Rhythmen haben, birgt das auf lange Sicht den einen oder anderen Konflikt. **EIN BEISPIEL: PLANT DIE FRÜHAUFSTEHERIN AM WOCHENENDE EINE TOUR IN DIE BERGE UND DER SPÄTAUFSTEHER IST NICHT VOR ZWÖLF UHR ABMARSCHBEREIT, IST DAS KEIN IDEALER START FÜR EINEN SOLCHEN AUSFLUG.** Genauso verhält es sich, wenn der Nachtmensch nach dem gemeinsamen Besuch im Restaurant noch durch die Bars

oder Clubs ziehen möchte, der Lerche jedoch vor Müdigkeit die Augen zufallen.
Was tun? Natürlich könnt ihr ab und an euren biologischen Rhythmus ignorieren und euch auf die ungewohnte Zeit einstellen, eurem Schatz zuliebe, aber sollte ein Rhythmus die Oberhand gewinnen, ist Streit und Frust vorprogrammiert. Also gilt es, früh genug die Fallstricke zu erkennen und sich gegenseitige Freiräume zu gewähren. Findet ihr eine gute Schnittmenge gemeinsamer Aktivitäten, hält eure Ehe diesen Unterschied aus. Ihr profitiert sogar davon, wenn manche Aktionen getrennt voneinander mit befreundeten Lerchen oder Eulen stattfinden.

Die Wahrheit übers Schenken

Für viele Paare sind das jährliche Geburtstagsgeschenk und die weihnachtliche Materialschlacht ein immer wiederkehrender Alptraum. Und das Dilemma wird von Jahr zu Jahr größer. Laut Umfragen rätseln Ehemänner viel öfter als Ehefrauen: *Was schenke ich ihr diesmal bloß zum Geburtstag?*
In der Vorweihnachtszeit gibt es in den sozialen Medien und in angesagten Männerzeitschriften Tipps für das richtige Geschenk für Sie. Sprüche wie „Schlaue Männer schenken Schmuck" halten sich dort seit Jahren hartnäckig. Welches Schmuckstück dann das richtige ist, verrät dem armen Mann wiederum keiner.
Ihr wisst auch nicht immer, womit ihr eurer Liebsten oder eurem Liebsten eine Freude bereiten könnt? Fragt doch einfach nach, und zwar inter-

essiert und früh genug, oder bietet an, zusammen etwas auszusuchen. Dann ist zwar die Überraschung weg, aber auch die Frustration am Gabentisch. **NOTIERT EUCH ÜBERS JAHR DIE WÜNSCHE EURES PARTNERS, SODASS IHR ZUM GEGEBENEN ZEITPUNKT NUR DIE NOTIZEN KONSULTIEREN MÜSST.** Und wie so oft im Leben kommt es nicht auf den Wert an, sondern darauf, ein Geschenk zu finden, das die wichtigste Person in eurem Leben glücklich macht. Es lohnt sich, an diesem Thema dranzubleiben, liebevolle Geschenke beleben eine Ehe enorm, zeugen sie doch von Aufmerksamkeit und Großzügigkeit. In der Königsklasse wird der Partner sogar außer der Reihe mit einem Geschenk überrascht ...

Die Wahrheit übers *Streiten*

Streitet euch bitte! Es kann euch nichts Besseres passieren als eine emotionale Diskussion, die nicht nur einen Konflikt offenlegt, der euch gerade stresst, sondern auch immer eine mögliche Klärung des Problems in sich birgt. **NACH EINEM GUTEN STREIT IST DIE LUFT WIEDER REIN UND DIE ERHITZTEN GEMÜTER BERUHIGT.** Manchmal ist das auch der perfekte Moment, um sich heiß und innig seine Liebe zu zeigen ... Stopp, hier blenden wir mal aus, es geht schließlich um den Streit davor.
Nichts ist schlimmer als ein stumm vor sich hin getragener Vorwurf, der über Tage die Luft verpestet und euch in Karikaturen eurer selbst verwandelt, die nur noch schnippische Antworten ausspucken

und beleidigt durch die Wohnung stampfen. Eine solche Situation ist der reinste Energiefresser, und der Konflikt wird sich mit so einem Verhalten definitiv nicht lösen. Also raus mit dem Ärger und rein ins Streitgespräch. Doch gebt acht auf das Niveau, für Beleidigungen und gar Schlimmeres liebt ihr euch zu sehr – vergesst das nie!
Was nicht heißen soll, dass von nun an jede Banalität von euch zum Streitpunkt erklärt wird.
Das verschmierte Messer im Nutellaglas oder die vertrocknete Zahnpastatube sind eines Riesenstreits nicht würdig.

Die Wahrheit über beste Freunde

Auch nach eurer Hochzeit verlangen eure engsten Freunde nach Aufmerksamkeit und Zeit. Das kann gerade am Anfang eurer Ehe, wenn ihr euch noch in euren neuen Rollen zurechtfindet, für schlechte Stimmung sorgen.

DEINE LIEBSTE KENNT IHRE BESTE FREUNDIN GEFÜHLT SEIT GEBURT, UND DIE BEIDEN HABEN SCHON SO MANCHES DURCHGESTANDEN. Diese Person ist enorm wichtig für deine Ehefrau, doch ausgerechnet diese Frau kannst du nicht ausstehen: ihre Stimme, ihren Kleidungsstil, ihren Humor – ach, einfach alles.

Seit Kindergartentagen sind sie beste Kumpels, Freunde fürs Leben. So viel haben sie zusammen schon erlebt. Doch du findest den besten Freund deines Mannes einfach nur peinlich, seine Witze drittklassig und seine Machoattitüde lächerlich.

So ist das Leben, Sympathie und Freundschaft lassen sich nicht erzwingen. Wenn die Chemie nicht stimmt und mehrere Annäherungsversuche kläglich scheiterten, hilft nur noch eins: Schadensbegrenzung. Im Klartext heißt das, Klappe halten, vor dem Partner nicht über die Person lästern und beiden viel Spaß wünschen bei ihren Unternehmungen, die im Idealfall außerhalb eurer vier Wände stattfinden oder an einem Abend, an dem der oder die andere sowieso schon aushäusige Pläne hat.

Die Wahrheit über den Kinderwunsch

Eines Morgens wacht deine Liebste auf und schaut dich verklärt mit verwuscheltem Haarschopf an und sagt: *Schatz, ich will ein Kind von dir!* Ihre Körpersprache, ihre glänzenden Augen signalisieren dir sofortige Umsetzungsbereitschaft. Normalerweise würdest du noch im selben Moment mit ihr unter der Bettdecke verschwinden, doch ihr Kinderwunsch hat dich so überrumpelt, dass du sprach- und regungslos bist. Du erkennst, du bist noch nicht so weit, du willst eure Zweisamkeit noch etwas genießen, bevor durchwachte Nächte und volle Windeln euren Alltag bestimmen. Doch wie sagst du es ihr, ohne dass sie sich gekränkt auf die andere Seite dreht?

IN DIESER SITUATION, DIE SCHNELL ZUM STRESSFAKTOR IM SCHLAFZIMMER WERDEN KANN, HILFT NUR VIEL KOMMUNIKATION UND EHRLICHKEIT.

Ihr habt bestimmt vor eurer Eheschließung das Thema Kinder besprochen, und solltest du damals nicht vehement Nein geschrien haben, willst du auch zu deinem Ja stehen, aber vielleicht zu einem späteren Zeitpunkt. In einer gleichberechtigten Ehe sollte es für beide Partner der passende Moment sein ... Und natürlich gilt das genauso für zeugungswillige Ehemänner samt Ehefrauen, die noch etwas Zeit brauchen.

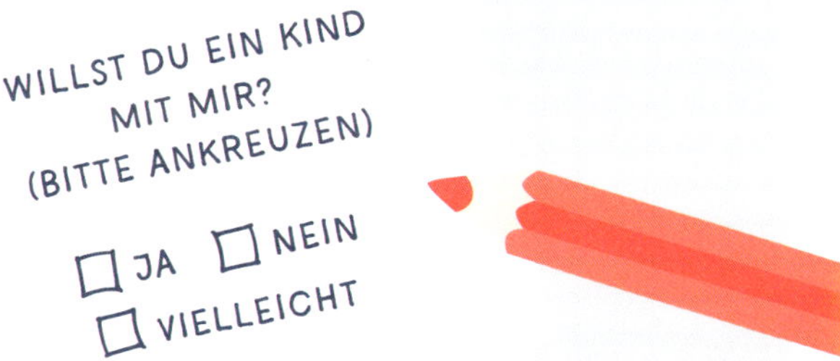

Die Wahrheit über Geheimnisse

Eine Studie in den USA besagt, dass jeder Erwachsene im Schnitt 13 Geheimnisse hat. Von banalen (das Rezept für die beste Crème Brûlée) bis zu gewichtigen (eine Straftat). Psychologen und Therapeuten unterscheiden zwischen guten und schlechten Geheimnissen. Vornehmlich um diese guten Geheimnisse soll es hier gehen. Wollt ihr euch gnadenlos alles erzählen, oder haltet ihr es lieber mit dem Sprichwort: *Reden ist Silber, Schweigen ist Gold?* Was deine Liebste in ihr gutes Aussehen investiert, willst du nicht wirklich wissen, oder? Dass sie zur Kosmetikbehandlung geht, reicht als Informa-

tion völlig aus. Dein Liebster kocht hervorragend unter der Bedingung, dass er allein in der Küche ist. Solange es so gut schmeckt, darf er seine geheimen Zutaten und Tricks gerne für sich behalten.

ZWISCHEN EUCH SOLLTE SO VIEL VERTRAUEN HERRSCHEN, DASS DAS NEUGIERIGE HERUMSTÖBERN IN GOOGLE-VERLÄUFEN UND MESSENGER-DIENSTEN ABSOLUT TABU IST.

Auch wenn ihr das Wir jetzt offiziell lebt, seid ihr immer noch zwei eigenständige Persönlichkeiten, die ein Recht auf Privatsphäre haben, um gemeinsam gut zu funktionieren.

Und was die schlechten Geheimnisse angeht – die Klassiker sind Affären, Arbeitslosigkeit, Süchte und Schulden – muss die harte Wahrheit auf den Tisch. Das ist jeder seinem Partner schuldig.

Die Wahrheit über *Macken*

Beim Spaziergang geht sie immer auf der linken Seite, rechts stößt sie sonst mit dir zusammen.
Er nimmt immer den Parkschein an sich, hast du das Ticket in der Tasche, wird er nervös.
Sie prüft abends immer zweimal, ob die Wohnungstür wirklich abgeschlossen ist.
Er parkt den Wagen nur auf Parkplätzen mit geraden Zahlen.
Sie fasst in der Öffentlichkeit keine Türklinken an.
Nach dem ersten Verliebtsein tauchen sie langsam auf, eure Ticks und Macken. Diese Eigenarten sind keineswegs neu, nein, sie waren schon immer ein Teil von euch, nur hat die rosarote Brille sie verborgen. **GERADE IN DER VERBUNDENHEIT DER EHE, ODER IM ZUSAMMENLEBEN, WERDEN EURE MAROTTEN NOCH SICHTBARER. DAS IST VÖLLIG NORMAL.** Außerdem kann die eine oder andere Macke ja auch sehr charmant sein. Hier ist natürlich das Maß, wie so oft, der Schlüssel zum Glück. Wird der Tick zum Zwang, dann solltet ihr

offen darüber sprechen und euch helfen lassen. Bleibt es jedoch bei der lustigen Besonderheit, dann geht relaxt damit um. Schließlich liebt ihr euren Partner genau für seine Einzigartigkeit, die durch einen kleinen Tick noch bereichert wird.

Die Wahrheit über Lieblingsorte

Achtung, hier kommt etwas für die Romantiker unter euch! Falls ihr noch keinen gemeinsamen Kraft- oder Sehnsuchtsort habt, lasst alles stehen und liegen und begebt euch sofort auf die Suche nach dem perfekten Platz, der euch zur Ruhe kommen lässt. Dort könnt ihr aufatmen, klarer denken und als Paar ganz im Hier und Jetzt sein. Idealerweise liegt dieser magische Spot weder auf Hawaii noch in der Südsee, das erschwert die Anreise doch ziemlich. Vielleicht ist es für euch ein Berggipfel, ein einsamer Strand, eine Lichtung oder einfach nur ein wunderbar stiller Ort in der Natur, der euch gleichermaßen fasziniert.

IHR ERKENNT EUREN SPOT SOFORT. STEHT IHR DORT GEMEINSAM, ERSCHEINEN PROBLEME NICHT MEHR SO UNLÖSBAR.

Und immer, wenn es in eurer Ehe richtig turbulent zugeht, die Fetzen fliegen, die Türen knallen und die Tränen fließen, haltet inne und macht euch auf den Weg dorthin. Es lohnt sich. Genießt die Kraft und Schönheit der Natur, beruhigt euer Gemüt, und auf dem Heimweg sind eure Probleme dann nur noch halb so groß, Kompromisse doch möglich und eine Versöhnung in Reichweite. Ist das nicht ein wunderbarer Versuch, sich wieder anzunähern? Ach, wie romantisch!

Die Wahrheit über

Jahrestage – Teil 1

Ihr seid frisch verheiratet, wisst aber nicht, wann die Grüne Hochzeit, die Gläserne Hochzeit, die Gnadenhochzeit oder die berühmt-berüchtigte Himmelshochzeit gefeiert werden? Keine Sorge, hier kommen alle relevanten Infos, um mit Schwiegermüttern und Tanten den Hochzeitsjubiläums-Talk zu führen.

Von nun an werdet ihr nicht nur einfach eure Hochzeitstage feiern, sondern mit jedem bestandenen Jahr eine Sprosse auf der Leiter der Hochzeitsjubiläen erklimmen.

Hier ein Überblick: Ihr startet am Tag eurer Hochzeit mit der **GRÜNEN HOCHZEIT.**

Dann habt ihr zwölf Monate später die sogenannte **BAUMWOLLENE HOCHZEIT**, die es natürlich ordentlich zu feiern gilt.

Die Jahre verfliegen wie im Flug, ihr vergesst vielleicht zum ersten Mal ein Jubiläum. Und schon steuert ihr auf das verflixte siebte Jahr zu – übersteht ihr das, könnt ihr die **KUPFERNE HOCHZEIT** feiern. Na ja, so richtig sexy hört sich dieses Hochzeitsjubiläum nicht an, vielleicht war euer Jahr auch entsprechend.
Aber ihr haltet tapfer durch und feiert bald zweistellig die wunderbare **ROSENHOCHZEIT.** Wie sang Hildegard Knef doch so schön? *Für mich soll's rote Rosen regnen.* Wow – zehn Jahre gemeinsames Glück –, ihr dürft stolz auf euch sein.
Wenn ihr dann auch noch die **VEILCHEN- ODER SOGENANNTE GLÄSERNE HOCHZEIT** im 15. Ehejahr erlebt, seid ihr aus dem Gröbsten draußen. Denn laut Statistischem Bundesamt lassen sich die meisten Paare aktuell im 14. Ehejahr scheiden.

Die Wahrheit über
Jahrestage – Teil 2

DIE SILBERNE HOCHZEIT – stolze fünfundzwanzig Jahre Ehe, ein Vierteljahrhundert – ist euer erster ganz großer Meilenstein. Das muss gefeiert werden mit einer Luxusreise, einem Diamantring ... Auch beruflich und familiär könnt ihr jetzt langsam aufatmen. Habt ihr Kinder, sind diese vermutlich so gut wie aus dem Haus, die Karriere gemacht, das Haus gebaut. Es gibt wieder mehr Zeit für euch. Mitunter ist das eine heikle Phase ...
Doch ihr rauft euch zusammen und steuert mutig in Richtung **PERLEN-HOCHZEIT** (dreißig Ehejahre) und auf die **RUBIN-HOCHZEIT** (vierzig Ehejahre) zu. Jetzt werden eure Schritte langsamer, die körperliche Anstrengung größer, aber ihr seid ein eingespieltes Paar, euch trennt nun nichts mehr – denkt ihr! Immer öfter verlassen Frauen um die Siebzig noch ihre Männer. Also schön aufgepasst, dass es

kurz vor der GOLDENEN HOCHZEIT nicht kracht.
Ihr seid unglaubliche fünfzig Jahre zusammen. Ein halbes Jahrhundert liegt hinter euch.

Mit etwas Ehrgeiz und stetiger Bewegung gelingt euch vielleicht sogar noch die DIAMANTENE HOCHZEIT (sechzig Jahre). Nun quatscht keine Schwiegermutter mehr dazwischen, dafür aber die Kinder und Enkel.

Was dann kommt, erleben nur noch die fast Hundertjährigen und die Ultraalten: die GNADEN-HOCHZEIT (siebzig Ehejahre) und die HIMMELS-HOCHZEIT (hundert Ehejahre).

Die Wahrheit über Familienbesuche

Vor eurer Hochzeit seid ihr bestimmt öfter getrennt zu euren jeweiligen Eltern gefahren, habt das Weihnachtsfest im trauten Familienkreis oder Geburtstage ohne euren Partner gefeiert. Das ändert sich jetzt langsam. **IHR GEHÖRT OFFIZIELL ZUR SCHWIEGERFAMILIE. SOLLTEN DIE FAMILIEN NICHT NAHE BEIEINANDER WOHNEN, GEHT ZUSÄTZLICH DAS TAUZIEHEN LOS: WANN WIRD WER AN DEN FEIERTAGEN BESUCHT UND WIE LANGE.**

Der Entscheidungsprozess artet oft sehr schnell aus und trägt selten zu einer harmonischen Situation bei. Oft ist im Vorfeld die Planung so nervenaufreibend, dass ihr immer weniger Lust auf den anstehenden Besuch habt. Wie es vor Ort wird, steht dann sowieso in den Sternen.

Was also tun, um den familiären Besuchsstress zu reduzieren? Ihn ganz zu vermeiden, ist wohl ein frommer Wunsch. Je klarer ihr jedoch als Paar seid in euren Entscheidungen, desto weniger können die beiden Familien sie infrage stellen. Und das gilt nicht nur für die Phase vor, sondern auch während eures Besuches. Jegliche noch so gut gemeinte Kritik an eurem Schatz aus den Reihen der Familie solltet ihr sofort im Keim ersticken. Je früher, desto besser. Getratscht und geratscht wird sowieso noch genug.

Die Wahrheit über Stolpersteine

Wissen ist Macht! Das gilt auch für die Ehe. Nein, nicht was ihr jetzt denkt. *Wenn ich jedes Geheimnis von meinem Partner weiß, dann …* Nein, ganz falsche Richtung. Hier geht es um die fünf wichtigsten Scheidungsgründe, die fast jede dritte Ehe in Deutschland scheitern lassen. Wisst ihr von Anfang an, welche Probleme euren gemeinsamen Plan vom Leben gefährden können, dann behaltet ihr diese Stolpersteine umso genauer im Auge.

HIER DIE TOP FÜNF:

Das Auseinanderleben. Diesen Grund führen hauptsächlich Frauen als Scheidungsgrund an. Er bastelt Abend für Abend in der Garage an seinem Oldtimer, während sie hinter ihrem Schmöker verschwindet.

Der Klassiker: Fremdgehen. Gerade in den Liebesehen des 20. und 21. Jahrhunderts ist die Treue ein ganz wesentlicher Faktor. Vielleicht wird ein Ausrutscher mit Mühe und Not verziehen, aber bei Wiederholungstätern oder -täterinnen ist dann bald das Beziehungsaus angesagt.

Auch Schulden sind ein Beziehungskiller. Während der eine spart, gibt der andere sorglos aus, aber richtig heftig wird es, wenn der Kredit für die gemeinsame Immobilie euch den Schlaf raubt und eine zusätzliche Arbeitslosigkeit die Probleme potenziert.

Und jetzt kommen die richtig dicken Brocken: Suchtverhalten und **häusliche Gewalt.** Bei diesen Themen ist Gefahr in Verzug und externe Hilfe vonnöten.

Jetzt bitte einmal tief durchatmen. Schaut eurem Partner in die Augen und versprecht euch, gut aufeinander aufzupassen!

Die Wahrheit über Romantik

Gedämpftes Licht, leise Musik, Duftkerzen, ein Glas Wein ... Wer von euch beiden nickt jetzt begeistert und wer von euch möchte sofort die Flucht ergreifen? Halt, dageblieben! Jetzt geht es um die Romantik – diese besondere, gefühlserregende Atmosphäre.
Seid ihr beide romantisch veranlagt, steht euren intimen Stunden nichts im Wege. Verwöhnt ihr euch zusätzlich im Alltag mit sanften Berührungen und Komplimenten, seid ihr im Olymp der romantischen Beziehungen angelangt. Glückwunsch!
Doch oft ziehen sich Gegensätze am stärksten an. Vielleicht seid ihr eines dieser Paare, die wenig Gemeinsamkeiten haben, aber dafür eine umso stärkere Anziehungskraft aufeinander ausüben? Eine Romantikerin und ein Pragmatiker? Anfänglich ist das bestimmt kein Thema für euch, aber eure Ehe soll ja viele, viele Jahre halten. Nimmt die Anziehungskraft mit der Zeit ab – ja, das ist so! –, weil das Neue zur Routine geworden ist und der

Alltag seinen Tribut fordert, versäumt nicht, euch romantische Stunden zu gönnen, um das Prickeln aufrechtzuerhalten. Ist es eine Massage, ein gemeinsames Bad oder euer Lieblingsfilm, der euch in diesen gefühlserregenden Zustand versetzt?

WENN DER NICHT-ROMANTIKER ÜBER SEINEN SCHATTEN SPRINGT UND AUSSPRICHT, WAS ER MAG, UND DIE ROMANTIKERIN (SORRY, ABER DIE VERTEILUNG IST MEISTENS SO HERUM) DAFÜR EIN PAAR KERZEN WENIGER ANZÜNDET, IST DAMIT WOMÖGLICH SCHON DER TRICK FÜR EUCH GEFUNDEN.

Die Wahrheit über Spaß

Die Wahrheit vorneweg: Eine Ehe ohne gemeinsame Lachanfälle und unvergesslich komische Momente wird über kurz oder lang zu einer sehr langweiligen Angelegenheit. Gähn! Natürlich bedeutet das nicht, dass ihr euch den ganzen Tag lang schlechte Witze erzählen oder zum Affen machen sollt, um den Partner zum Lachen zu bringen. Es ist viel wichtiger, dass ihr miteinander etwas erlebt, das euch Spaß bereitet. Und zwar außerhalb des Schlafzimmers! Solltet ihr noch nicht wissen oder nicht mehr wissen, was das sein könnte, geht bitte sofort auf die Suche. Ob es sich dabei um eine sportliche Aktivität, spontane Bowling-Abende, ein Spiel nach dem Abendessen, eine Wanderung am Wochenende, regelmäßige Kinobesuche oder einen Tanzkurs handelt, könnt nur ihr herausfinden.

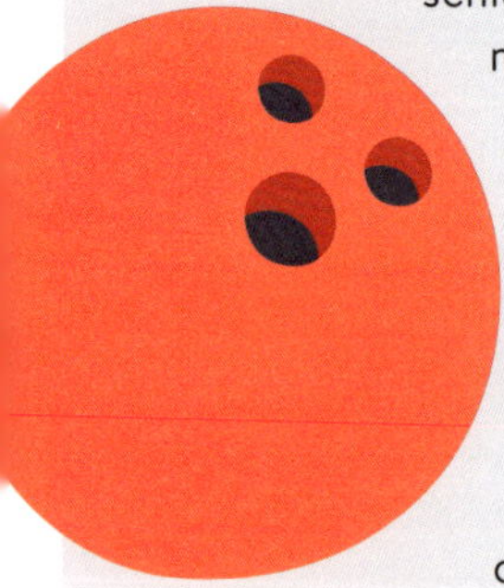

TEILT IHR REGELMÄSSIG POSITIVE ERLEBNISSE MITEINANDER, WERDEN DIESE AUF DAUER EURE EHE BEREICHERN, EUCH GUTE LAUNE BESCHEREN UND FÜR IMMER NEUEN GESPRÄCHSSTOFF SORGEN. Oft fordern der Job, die Kinder oder die Familie so viel Zeit ein, dass ihr am Abend am liebsten auf der Couch liegenbleibt. Klar, das muss auch mal sein, aber wenn das auf Dauer zu eurer einzigen gemeinsamen Aktivität wird, kommt der Spaßfaktor, der belebt und bereichert, definitiv zu kurz. Spätestens dann ist es allerhöchste Zeit, dass ihr draußen etwas gemeinsam erlebt. Also Obacht, wenn die Couch zu oft lockt.

Die Wahrheit über Veränderung

Aus dem Vamp wird nach der Ehe das Hausmütterchen, aus dem Tiger der Bettvorleger ... das ist natürlich Quatsch! Aber aus der Freundin wird die Ehefrau, aus dem Lebenspartner der Ehemann, aus der Langzeitbeziehung eine Ehe. Auf den ersten Blick sind das für viele Paare keine sicht- und spürbaren Veränderungen, sondern nur Etiketten. Doch

mit dem Bund der Ehe ändert sich mehr, als ihr vielleicht denkt. Ihr habt euch offiziell zueinander bekannt. Unbeherrscht im Streit schreien: *Ich verlasse dich! Es ist aus!* – das gibt es nicht mehr. Nur eine Scheidung wird euch wieder trennen. Wartet ab, bei eurer ersten heftigen Auseinandersetzung werdet ihr diese neue Verantwortung und Verbindlichkeit spüren.

Auch ändert sich so einiges in eurem Familiensystem.

ALS VERHEIRATETES PAAR BILDET IHR VON NUN AN EURE EIGENE KLEINE FAMILIÄRE EINHEIT. EINE EVENTUELLE NAMENSÄNDERUNG SIGNALISIERT ES NACH AUSSEN.

Außerdem seid ihr nun Schwiegersohn oder Schwiegertochter. Die Familie eures Partners oder eurer Partnerin tritt aus dem Hintergrund in den Vordergrund, und manchmal sorgt sie dort auch für Aufregung. Besonders in den ersten Monaten hapert es oft an der großfamiliären Harmonie. Auch die Schwiegereltern müssen ihre neue Position erst finden. Macht euch das immer wieder bewusst. Das wird euch helfen, in die neue Rolle zu wachsen. Und wenn dann Nachwuchs kommen sollte, wird sowieso alles wieder anders ...

Die Wahrheit übers Gedankenlesen

Obwohl ihr euch das Ja-Wort gegeben habt und überzeugt seid, einander so gut zu kennen wie keine andere Person auf dieser Erde, besitzt ihr dennoch nicht die magische Fähigkeit des Gedankenlesens. Sorry, die Ehe verleiht weder Flügel noch Superheldenkräfte. Und weil wir gerade bei knallharten Fakten sind, ihr werdet auch im Laufe eurer Ehe diese Fähigkeit nicht entwickeln. Egal wie laut die Gedanken hinter der Stirn eures Liebsten oder eurer Liebsten sind.

Wenn ihr euch auch noch so sicher seid zu wissen, was der andere gerade denkt: Ihr liegt mit sehr hoher Wahrscheinlichkeit daneben.

DA HILFT NUR EINS: FRAGT AUF DIE ALTMODISCHE ART EINFACH NACH, WIE ALLE ANDEREN NICHT-SUPERHELDEN AUCH.

Es wird euch garantiert die eine oder andere überraschende Antwort begegnen. Außerdem erspart es euch manches Missverständnis, manchen unnötigen Streit und manche Enttäuschung. Ab heute ist Schluss mit den Superheldentricks. Versprochen?

Die Wahrheit über Intimsphäre

Es ist euch natürlich völlig freigestellt, wie intim ihr euch dem Gegenüber präsentiert. Während sich deine Traumfrau die Zähne putzt, sitzt du auf dem Klo und machst eine Sitzung, die eine lebensnotwenige Lüftung verlangt, oder während du deine starke Monatsregel versorgst, rasiert sich dein Göttergatte. Könnt ihr natürlich machen, aber vielleicht lässt ein solcher Grad an Intimität mit zunehmendem Ehealltag den Zauber eurer Beziehung verblassen, um es mal ganz poetisch auszudrücken. Deshalb gönnt euch doch von Anfang an ein gewisses Maß an Intimsphäre. Sie stärkt die Leidenschaft, die Anziehungskraft und den gegenseitigen

Respekt. Je besser und länger ihr euch kennt, mit all euren Talenten, Fehlern und Eigenarten, desto wichtiger werden diese kleinen Intimitäten. Hier einige Anregungen für Einsamkeit statt Zweisamkeit im Bad:

- ZUTIEFST MENSCHLICHE BEDÜRFNISSE
- RASUREN JEDER ART
- MUNDHYGIENE
- NÄGEL SCHNEIDEN

Was jetzt nicht bedeutet, dass die gemeinsame Badbenutzung zur generellen Tabuzone wird und das Bad durch ewige Beautyaktionen für den Partner und sogar manchmal für die Partnerin blockiert ist. Nur weil ihr gewisse intime Vorgänge nicht teilt, hat die Prüderie der Viktorianer keinen Platz mehr in einer modernen Ehe. Der zufällig erhaschte Blick auf nacktes Fleisch ist unbedingt erlaubt. Ein spontaner Besuch unter der Dusche lässt den Tag doch ganz anders beginnen oder enden ...

Die Wahrheit über Ehrlichkeit

Schatz, hast du Lust, heute Abend den neuen Actionfilm im Kino zu sehen? Du denkst intuitiv: *Nein, alles, nur das nicht!* Derweil hörst du dich aber laut und deutlich *Ja, klar* sagen.

Natürlich solltet ihr eurem Ehepartner gegenüber kompromissbereit sein, kritisch wird es jedoch, wenn einer von euch zu oft etwas für den anderen tut, was er bzw. sie eigentlich nicht möchte. Und da ist der Kinofilm, der nicht interessiert, ein sehr harmloses Beispiel. Wenn ihr es auf Dauer versäumt, einander eure wahren Bedürfnisse und Vorlieben zu gestehen, wird das unweigerlich zu schlechter Stimmung oder sogar zu Streit führen. Nach gefühlten zwanzig Jahren erst zuzugeben, dass du nie Lust auf Actionfilme hattest, wird bei euch beiden einen schlechten Nach-

geschmack hinterlassen. Dein Partner oder deine Partnerin wird sich insgeheim fragen, was dir noch alles nicht gefallen hat ...

NUR WENN IHR WIRKLICH WISST, WAS EURE GROSSE LIEBE MAG UND BRAUCHT, WERDET IHR ZUSAMMEN EIN GLÜCKLICHES EHELEBEN FÜHREN. ALSO IMMER MUTIG SAGEN, WAS GEFÄLLT UND WAS NICHT.

Das soll aber kein Freifahrtsschein für eine Selbstverwirklichungsnummer werden. Haltet ihr euch an die Wahrheit, ist es doch umso schöner, wenn ihr beide kompromissbereit bleibt und die eine oder andere Sache sehr gerne eurem Schatz zuliebe macht. Er oder sie wird euch ganz besonders dafür schätzen.

Die Wahrheit über Krisen

Sie ist unter frisch verheirateten Paaren so gefürchtet wie der weiße Hai in der Bucht von San Francisco: die erste große Krise. *Wann wird sie uns ereilen? Wie schlimm wird sie sein? Werden wir sofort an uns zweifeln? Wird unsere Ehe sie vielleicht nicht überleben?* Diese Gedanken und noch viele weitere werden euch in stillen Momenten durch den Kopf kreisen. Doch die wunderbare Wahrheit ist: Krisen werden euch stärken und noch enger zusammenbringen. Ihr wisst nach erfolgreicher Bewältigung, dass ihr schwierige Situationen meistern könnt. **UND EINE BESONDERS WERTVOLLE UND WICHTIGE ERKENNTNIS AM ENDE EINER SOLCHEN PHASE IST: IHR KÖNNT EINANDER VERZEIHEN.** Mit diesem neuen Wissen und dem Gefühl, die Krise erfolgreich überwunden zu haben, könnt ihr mit frischer Energie an eurer Ehe arbeiten. Was jedoch hier nicht verschwiegen werden darf: Krisen können lange andauern. Nicht immer ist innerhalb weniger Tage wieder alles gut oder zu eurer Zufriedenheit neu geordnet. Manchmal müsst ihr euch richtig anstrengen, womöglich monatelang. Das tut weh und kostet sehr viel Kraft. Aber ihr seid stark, eure Liebe steht auf einem festen Fundament. Die Anstrengung wird sich auszahlen. Und wie sagte schon Goethe so weise: *Im Ehestand muß man sich manchmal streiten; denn dadurch erfährt man was voneinander.*

Die Wahrheit über gelungene Überraschungen

Wann habt ihr das letzte Mal euren Lieblingsmenschen so richtig überrascht und zur Belohnung ein strahlendes Lächeln erhalten? Ups, so ein Moment liegt schon länger zurück? ... Dann ist es aber allerhöchste Zeit, sich etwas einfallen zu lassen.
Auch wenn ein cooler Flitzer vor der Haustür eine Wahnsinnsüberraschung ist, geht es hier nicht um die spontane Erfüllung von luxuriösen Wünschen, sondern um die sehr wohltuende Art von Überraschung, die den Partner genau da abholt, wo er bzw. sie gerade feststeckt. Ein Beispiel: Deine Liebste hat gerade sehr viel Stress im Job und liegt völlig erschöpft nach einer anstrengenden Woche freitagabends auf der Couch. Nimm ihr doch für das Wochenende alle Pflichten ab, lade sie in ihr Lieblingsrestaurant ein und verwöhne sie anschließend mit einer Massage. Das nimmt ihr die Anstrengung, und für euch ist auch mehr Zweisamkeit garantiert.

Dein Liebster macht ständig Überstunden und war schon ewig nicht mehr unterwegs? Schenk ihm doch die Eintrittskarte für ein Konzert und organisier ihm seine Kumpels gleich noch mit dazu. **DIESE GESTEN, OB KLEIN ODER GROSS, SPONTAN ODER WOHLÜBERLEGT, HOLEN EUCH WUNDERBAR AUS EUREM KRÄFTEZEHRENDEN ALLTAG.** Spätestens, wenn ihr Kinder haben solltet, helfen solche Überraschungen, damit eure Beziehung nicht hinter der Familie zurücksteht …

Die Wahrheit über misslungene Überraschungen

Misslungene Überraschungen kommen in den besten Ehen vor, auch noch nach vielen Jahren. Leider ziehen sie oft unangenehme Konsequenzen nach sich, da sich der oder die Betroffene folgende Fragen stellt: *Kennt sie/er mich wirklich so schlecht? Wieso hört er/sie mir nie zu? Warum kann er/sie aus seiner/ihrer eigenen Welt nicht heraus?*

Auch wenn die Überraschung nach bestem Wissen und Gewissen geplant wurde, wenn sie beim Gegenüber nicht ankommt oder sogar verletzt, hängt der Haussegen schief.
Sofortige Schadensbegrenzung ist notwendig, in Form eines ruhigen klärenden Gesprächs und einer Wiedergutmachung, die die beleidigten Gemüter auf beiden Seiten beruhigt. In einer solchen Situation müsst ihr ehrlich miteinander sein, ohne noch mehr Öl ins Feuer zu gießen. IM SCHLIMMSTEN FALL KÖNNEN SOLCHE MISSLUNGENEN AKTIONEN DER LETZTE TROPFEN SEIN, DER DAS FASS ZUM ÜBERLAUFEN BRINGT.
DIE GUTE NACHRICHT: DANN WIRD DAS THEMA, DAS EURE BEZIEHUNG BELASTET, ENDLICH ANGEFASST UND OFFENGELEGT.
Idealerweise kommt es erst gar nicht zu solchen gutgemeinten Fehlgriffen. Wirksame Mittel zur Vermeidung sind wie so oft das Zuhören, das genaue Hinschauen und eine spontane Eingebung oder Idee im Moment schnell zu notieren. So wisst ihr genau, womit ihr euren Schatz gelungen überraschen könnt.

Die Wahrheit über Hobbies

Du wusstest, wie zeitintensiv das Hobby deines Partners ist, schließlich trainiert er schon seit seiner Jugend. Aber im täglichen Zusammensein spürst du noch mal deutlicher, was es bedeutet, wenn nur einer von euch beiden so leidenschaftlich einer Betätigung nachgeht. Dreimal, manchmal sogar viermal trainiert er in der Woche. Klar kannst du dich jedes Mal mit deinen Freundinnen verabreden, aber eigentlich willst du auch mit deinem Partner in Ruhe die Zeit genießen. Das führt immer öfter zu schlechter Laune bei dir.
Du weißt, dass du ihm seine Leidenschaft nicht schlecht- oder gar ausreden darfst, aber es könnte für dich so viel schöner sein.
Was tun? Die Wahrheit ist, am Ende wirst du es aushalten müssen, bis er in der Altherrenliga, die ja bereits Ende Dreißig beginnt, etwas kürzertritt.

DIE BESSERE VARIANTE WÄRE JEDOCH, DIE PARTNERFREIE ZEIT MIT DEINEN INTERESSEN ZU FÜLLEN UND DICH ZU ENTFALTEN, ETWAS NEUES AUSZUPROBIEREN ODER DICH GENAUSO FIT ZU HALTEN.

Eins ist klar, einfach zu warten, bis dein Partner hundemüde, aber glücklich wiederkommt, wird eurer Ehe auf Dauer nicht guttun. Hast du manchmal keine Lust, nach draußen zu gehen, überbrücke die Wartezeiten mit guten Büchern, die dich in fremde Welten transportieren – das wäre doch ein guter erster Schritt, oder?

Und selbstverständlich gilt das hier Geschilderte auch für die Herren der Schöpfung, wenn deren Partner oder Partnerin einmal aktiver sein sollte.

Die Wahrheit über Elefanten

Aus diesen Mücken werden bei Ehepaaren im Laufe der Jahre oft Elefanten, die dann viel eheliches Porzellan zerbrechen, kämpft das Paar nicht rechtzeitig gegen sie an. Hier ein paar ausgewählte Beispiele:

- DAS OFFENE-KLODECKEL-PHÄNOMEN
- KLEIDUNG ÜBERALL – NUR NICHT IM SCHRANK
- PUTZALLERGIE
- MÜLLBEUTEL-IGNORANZ
- LEBENSMITTEL-EINKAUFPHOBIE
- NACHFÜLLDEMENZ

Und vieles mehr … Für sich allein betrachtet sind diese Verhaltensweisen kein Grund zur Aufregung. Doch so wie sich diese „Mücken“ mit anderen treffen und es sich gemütlich machen, mutieren sie doch erstaunlich schnell zu „Elefanten“, die den Partner schier um den Verstand bringen und superschnell für schlechte Stimmung in der Beziehung sorgen. Diese kafkaeske Verwandlung solltet ihr bereits in den Anfängen eindämmen. Da hilft wie immer die sachliche Kommunikation – viele dieser Verhaltensweisen werden meistens unbewusst ausgeführt bzw. nicht ausgeführt. Wenn ihr euch mit der Fliegenklatsche erfolgreich vorarbeitet, kann überhaupt nichts schiefgehen und ein Quäntchen Toleranz sollte immer dabei sein. Schließlich gibt es viel wichtigere Dinge im Leben!

Die Wahrheit über Entscheidungen

Schaaatz! Schau mal, ich hab uns einen Kühlschrank gekauft, der war im Angebot.
oder
Die Nachbarn haben uns in ihr Haus an der Ostsee eingeladen. Mega, oder? Ich hab zugesagt.
Noch während du einen solchen Satz freudig ausrufst, siehst du, wie sich der Gesichtsausdruck deines Partners oder deiner Partnerin schlagartig verdunkelt. Du erkennst, dass sich deine spontane Aktion oder Zusage, die sich eben noch großartig angefühlt hat, nun als Fehler herausstellt.
Schei..! Ja, du lernst gerade in einem Crashkurs, dass die Zeiten für einsame Entscheidungen vorbei sind.

ALS EHEPAAR ENTSCHEIDET IHR GEMEINSAM, WOHIN ES IN DEN NÄCHSTEN URLAUB GEHT, WELCHES ELEKTROGERÄT DAS GEEIGNETE IST, WELCHE ANSCHAFFUNGEN FÜR WELCHEN PREIS GEKAUFT WERDEN.
Besonders gewöhnungsbedürftig für ehemalige Langzeitsingles. Wenn ihr – wie so viele Paare – eine gemeinsame Kasse besitzt, ist es natürlich noch wichtiger, dass auch nur im beiderseitigen Einvernehmen ausgegeben wird. Achtung! Dabei aber nicht buchhalterisch kleinlich werden.
Gebt euch gerade am Anfang etwas Zeit, bis ihr euch aufeinander abgestimmt habt. Und manche Einkäufe, die nicht ins Gewicht fallen, aber das eine oder andere Kopfschütteln verursachen, kann man auch einfach akzeptieren. Dann werdet ihr in Geldangelegenheiten keine unangenehmen Überraschungen erleben.

Die Wahrheit übers Kinderkriegen

Für viele Paare ist der Kinderwunsch eine der Motivationen für eine Heirat. Mit der Verantwortung für ein Kind oder gar mehrere wächst auch der Wunsch nach Verbindlichkeit und Vertrauen. So wunderbar und einzigartig Nachwuchs auch ist, für eine Beziehung ist er immer eine Herausforderung. Aus der Rolle des Ehemannes oder der Ehefrau werdet ihr über Nacht in die Rolle des Vaters oder der Mutter katapultiert. Und die Hoheit über euren Tages- und Nachtrhythmus hat ein herrlich duftendes Wesen übernommen, das euch bis auf die Knochen fordert und ein Beziehungskiller sein kann. Mit Betonung auf „kann“. MIT VEREINTEN KRÄFTEN KÖNNT IHR VERHINDERN, DASS EURE BEZIEHUNG IN DER ZUKUNFT NUR NOCH EINE BLASSE ERINNERUNG IST. Besonders in der Kleinkindphase lohnt es sich, konsequent etwas für die Paarbeziehung zu tun – außerhalb der eigenen vier Wände: von abendlichen Ausflügen in die Welt der Erwachsenen bis zu

komplett kinderfreien Wochenenden – ja, das sind verwegene Ideen! Aber absolut notwendig, sonst werdet ihr auf lange, lange Sicht keinen wilden Sex mehr haben. Und ja, das ist mal eine nicht so wunderbare Wahrheit.
Auch als kinderloses Paar, ob nun bewusst gewählt oder schicksalhaft, tut ihr gut daran, eure Beziehung immer wieder zu hinterfragen und zu beleben. Die unterschiedlichen Altersabschnitte bringen so manche Überraschung mit sich.

Die Wahrheit über Bucketlisten

Eure Eltern werden euch wahrscheinlich ratlos anschauen, solltet ihr ihnen von einer Bucketlist für Ehepaare erzählen. Für sie hatte die Heirat weniger mit außergewöhnlichen gemeinsamen Träumen zu tun als mit Grundsicherung und Familienplanung. Aber jede Generation hat ihre eigenen Regeln, und so hat seit einiger Zeit die berühmte Bucketlist auch Einzug in den Paaralltag gehalten.

IHR MÜSST JA NICHT GLEICH AN 365 TAGEN IM JAHR ETWAS VERRÜCKTES AUSPROBIEREN, ABER ES LOHNT SICH SEHR WOHL, ÜBER GROSSE ZIELE ZU SPRECHEN UND AN IHRER UMSETZUNG ZU ARBEITEN.

Ihr wolltet schon immer mal die Welt bereisen? Das geht nicht von heute auf morgen. Fangt frühzeitig mit der Planung und Finanzierung an. Ihr träumt von einem Tandem-Fallschirmsprung? Wartet damit

nicht bis zur Rente oder Schwangerschaft. Ihr wolltet euch schon immer sozial engagieren? Sucht euch die passende soziale Einrichtung aus und legt los. Der Traum vom Bauernhof zum Renovieren soll irgendwann wahr werden? Seht euch noch heute danach um.
Wenn ihr genau wisst, was ihr gemeinsam erleben wollt, seid ihr der Umsetzung eurer Ziele schon einen entscheidenden Schritt nähergekommen. Das Ganze muss nicht in einen Entertainment-Wahnsinn ausarten – arbeitet lieber konstant an euren großen Lebensthemen, dann ist die Gefahr, dass der Alltagstrott euch entfremdet, überhaupt nicht gegeben.

Die Wahrheit über erholsamen Schlaf

Ihr habt euch ein sündhaft teures Luxusbett gekauft. Und was sich für wunderbare Dinge darin anstellen lassen ... DOCH NACH DER LEIDENSCHAFT KOMMT DER MOMENT, IN DEM SICH AUCH BEI EUCH TURTELTAUBEN DER SCHLAF MELDET.

Und plötzlich ist es deiner Liebsten viel zu kalt, während dir zu warm ist. Auch die romantische Idee, unter einer großen Decke anstatt zwei einzelnen zu schlafen, stellt sich nun als Fehlkauf heraus. Auf beiden Seiten wird gezerrt und gezogen, um die Beine gewickelt und gestopft. Am liebsten würdest du das Fenster sperrangelweit aufreißen – die paar Windböen, die dann durchfegen, findest du nicht beachtenswert. Doch deine Traumfrau friert. O weh! Die Stimmung kippt, die wertvollen Ruhestunden bis zum nächsten Morgen schmelzen dahin. Was nun? Getrennte Schlafzimmer? Auf keinen Fall, niemals, never!
Als Erstes braucht ihr eure individuellen Decken. Es gibt für jeden Schläfer mittlerweile eine Bettdecke: für Kaltschläfer, für Warmschläfer, für Allergiker, für Schwitzer, für Nacktschläfer ... Wenn das erledigt ist, gilt es die richtige Raumtemperatur zu finden, die sich zwischen 16 und 19 Grad in der Einschlafphase befindet. Habt ihr auch das geklärt, könnt ihr endlich wieder inniglich nebeneinander einschlafen – jetzt bloß nicht schnarchen!

Die Wahrheit über das liebe Geld

Wäre es nicht wundervoll, wenn ihr einfach so viel Geld hättet, dass ihr nie wieder darüber nachdenken müsstet? Solltet ihr entweder Multimillionäre oder Einsiedler, die allen materiellen Besitztümern abgeschworen haben, sein, könnt ihr diesen Text getrost überspringen. Aber alle anderen, die sich in den obigen Gruppen nicht wiederfinden, werden sich in ihrer Ehe mit dem lieben Geld beschäftigen müssen. Ihr verdient beide gut, aber nicht gleich viel? Die Geschlechterzugehörigkeit, der Altersunterschied und andere Branchenzugehörigkeiten sind meistens schuld daran. Ihr habt zwei Möglichkeiten. Erstens: Ihr arbeitet mit einem gemeinsamen Haushaltsetat, und jeder behält die Hoheit über sein eigenes Konto, oder ihr sagt „Was soll der Geiz!“ und werft euer Geld auf ein gemeinsames Konto, um zu schauen, was passiert. Die zweite Variante ist definitiv nichts für reiche Erben, die Eheverträge lieben und ihr Geld im Ausland parken. Aber wer will die schon heiraten?

WELCHE FINANZSTRATEGIE IHR AUCH AUSPROBIERT, GEHT TOLERANT UND OFFEN MITEINANDER UM. NUR SO FINDET IHR HERAUS, WIE VIEL MACHT DAS LIEBE GELD IN EURER BEZIEHUNG AUSÜBT. Sollte es zu einem diskussionsintensiven Thema werden, vernehmt diese Alarmglocken. Denn gesellen sich im schlimmsten Fall Schulden hinzu, habt ihr es mit einem der Top Fünf Scheidungsgründe zu tun und aus den Alarmglocken ist eine Sirene geworden.

Die Wahrheit über Eifersucht

Habt ihr schon mal heimlich im Handy des anderen gestöbert, den Partner belauscht und in einem unbeobachteten Moment die Jacken- und Hosentaschen oder die Handtasche durchsucht? Ja? Dann seid ihr ganz offiziell eifersüchtiger, als es euch und eurer Beziehung guttut. **DIESE EIFERSUCHT STEHT DANN BEREITS ZWISCHEN EUCH UND BEEINFLUSST HARMONIE, ZUFRIEDENHEIT – UND VOR ALLEM DAS VERTRAUENSVERHÄLTNIS.** Wer will schon ständig kontrolliert und vorauseilend einer Tat beschuldigt werden? Und wer ist schon freiwillig eifersüchtig? Niemand! Also eine No-Win-Situation für beide Parteien. Besonders in der Ehe kann Eifersucht Schlimmes anrichten, weil ihr euch mit dem Ehegelübde eigentlich ewige Verbundenheit und Exklusivität versprecht.

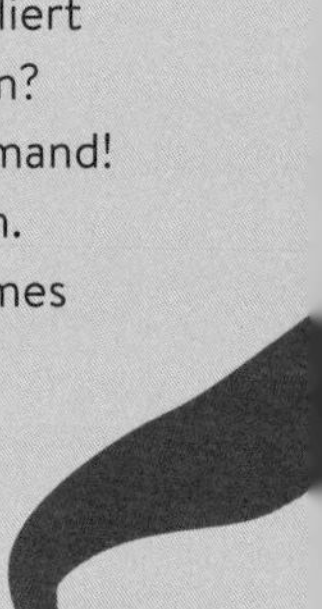

Doch was steckt hinter der Eifersucht einer Partnerin oder eines Partners? Warum sind manche Menschen eifersüchtig bis aufs Blut und andere tiefenentspannt, sogar wenn ganz offensichtlich fremdgeflirtet wird? Wer eifersüchtig ist, leidet meist unter Verlustängsten und einem mangelnden Selbstwertgefühl. Faktoren, die bis in die Kindheit zurückreichen. Bei leichten Formen der Eifersucht können Komplimente, bestätigende Worte und Taten helfen, die Unsicherheit des Partners zu mildern. Ist die Eifersucht jedoch krankhaft und somit eine ständige Belastung für die Ehe, braucht es professionelle Hilfe, sodass wieder Vertrauen und Harmonie einkehren können.

Die Wahrheit über Peinlichkeiten

Männer sind oft sehr entspannt untereinander und auch in ihren festen Beziehungen. Ein Bierfurz – wenn er nicht gerade in einer totenstillen Konferenz mit dem Chef entweicht – na und? Ein zufriedener Rülpser nach einer fettigen Mahlzeit. Es hat halt geschmeckt! Nase bohren in einem scheinbar unbeobachteten Moment. Alles keine wirklichen Aufreger für den männlichen Teil der Bevölkerung.

ABER O WEH, WENN DAS EINER FRAU IRGENDWO AUF DER WELT PASSIERT – EIN KLEINER HÖRBARER PUPS – WIE PEINLICH!

Die Ärmste will sofort vor Scham im Erdboden versinken. Legendär wurde diese Szene dargestellt von Carrie Bradshaw in *Sex and the*

City, als ihr im Bett mit Mr. Big ein Pups entwich. Was ist es mit den Frauen und ihren menschlichen Bedürfnissen? Sie sind da, dürfen aber nicht gehört werden? In Japan wird dieser Wahnsinn so weit getrieben, dass eventuelle Geräusche auf der Frauentoilette durch Musik überdeckt werden, damit die Nachbarin in der nächsten Kabine ja nichts hören kann.

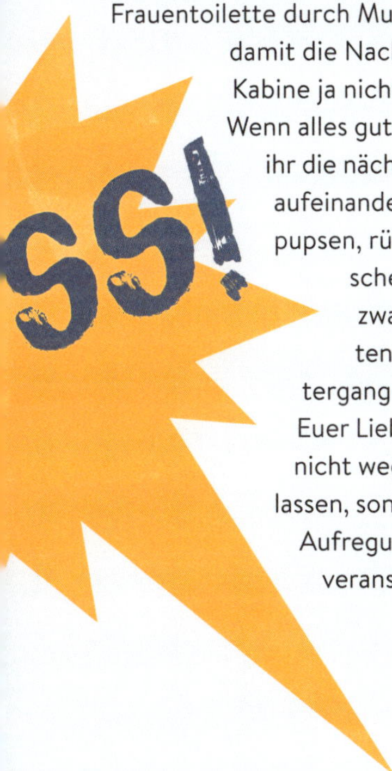

Wenn alles gut läuft in eurer Ehe, hockt ihr die nächsten Jahrzehnte eng aufeinander. Liebe Frauen, ihr werdet pupsen, rülpsen und intime Geräusche von euch geben, und zwar hörbar vor eurem Liebsten. Und es wird kein Weltuntergang sein. Also entspannt euch! Euer Liebster wird sich sicherlich nicht wegen eines Pupses scheiden lassen, sondern höchstens wegen der Aufregung, die ihr danach darum veranstaltet …

Die Wahrheit über Männerfragen

Schatz, weißt du, wo die Schere ist?
Dort, wo sie immer ist!
Schatz, weißt du, wo die Schale hinkommt?
Lass stehen, ich mach schon.

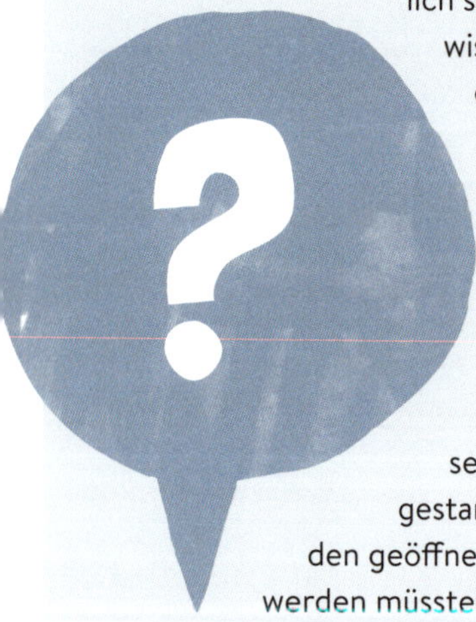

Frauen kommt diese Situation wahrscheinlich sofort bekannt vor. Warum wissen besonders Ehefrauen oft so viel besser, wo sich die 10.000 Haushaltsgegenstände befinden, die ein Paar so durchschnittlich besitzt? Schließlich leben die fragenden Ehemänner im selben Haushalt. Eine mögliche Erklärung könnte sein, dass die Suche wirklich gestartet werden müsste, Schubladen geöffnet und Gegenstände verrückt werden müssten für eine erfolgreiche Suche. Doch oft bleiben dem Suchenden diese Optionen verborgen. Unter anderem, weil das weibliche Geschlecht sofort aufspringt und übernimmt und die gewünschten Gegenstände hervorzaubert bzw. wieder wegzaubert.

Liebe Ehefrauen, damit tut ihr euch und eurem Partner keinen Gefallen. Denn so wird sich die Frage *Schatz, weißt du, wo ...* fest in eurem Alltag etablieren. Das wird euch beide irgendwann nerven.

WÄRE ES NICHT VIEL BESSER, NUR HILFESTELLUNG ANZUBIETEN? ALSO EINFACH DIE FRAGE GEDULDIG UND PRÄZISE ZU BEANTWORTEN? DIE SCHERE LIEGT IN DER LINKEN SCHUBLADE IM SIDEBOARD.

Ja, das kostet enorme Willenskraft und stellt manchmal auch eine Geduldsprobe dar. Aber nur so werdet ihr beide Herr und Herrin eures Haushalts sein bzw. werden ...

Die Wahrheit über den Paarvorteil

Ja, ihr habt richtig gelesen. Es gibt sie, die kleinen unscheinbaren und großen Vorteile, die eine Langzeitehe mit sich bringt. Die Betonung liegt hier auf Langzeit. Wenn ihr euch innerhalb der nächsten Jahre scheiden lasst, wird die Scheidung euch so viel Kraft und Nerven kosten, dass die guten Effekte, die sich gerade entwickelten, im Handumdrehen wieder verpufft sind.

Sofort spürbare Vorteile sind besonders für Ehepaare, die in einer Stadt leben, die geteilte Miete. Keine teuren Singlehaushalte müssen mehr finanziert werden. AUCH GENERELL GILT, DASS ANSCHAFFUNGSKOSTEN NUN DURCH ZWEI GETEILT WERDEN UND VIELES MEHR. DAS SPART RICHTIG GELD. Der gemeinsame Urlaub im Doppelzimmer ist ebenso bezahlbar geworden. Aber die besonders positiven Wirkungen sind auf gesundheitlicher Ebene zu spüren. Die Ehe fördert eure Gesundheit. Ja, kein Witz! Mehrere Studien belegen, dass verheiratete Personen länger leben als

Singles. Glückwunsch! Das liegt nicht daran, dass ihr dem Abenteuer den Rücken zugewandt habt, nein, ganz im Gegenteil. Ihr habt euch auf das Abenteuer Ehe eingelassen und werdet so durch eine neu entstandene Sicherheit belohnt, die euch schneller entspannt. Das bedeutet konkret, dass Stresshormone ebenso wie hoher Blutdruck besser abgebaut werden. Das Ganze funktioniert natürlich nur, wenn ihr euch nicht ständig kritisiert und des Öfteren mit hochroten Gesichtern anbrüllt.

Die Wahrheit über den Optimierungswahnsinn

Haben eure Eltern schon früh Leistungsansprüche an euch gestellt? Gute Noten, Erfolge im Sport, ein super Abschluss und eine steile Karriere? Seitdem geht es ständig so weiter. Im Arbeitsalltag sind die Erwartungen hoch. Fehler werden immer seltener toleriert. Die globale, digitale Welt dreht sich stetig schneller mit dem Anspruch, dass alles immer besser und reibungsloser funktioniert. Es ist schwer, sich davon nicht anstecken zu lassen. Womöglich habt ihr auch privat den Drang zur Verbesserung?

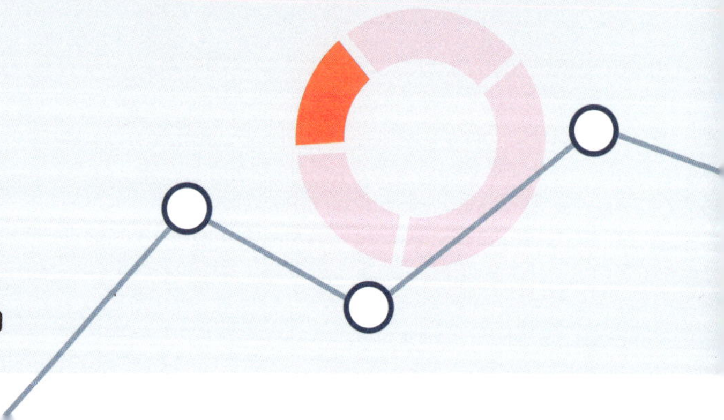

Ihr wollt noch regelmäßiger Sport treiben, euch noch gesünder ernähren, noch besser aussehen, die stylische Wohnung noch einen Tick schöner einrichten, den coolen Freundeskreis noch öfter sehen ... Kommen euch diese Ansprüche bekannt vor? **TUT EUCH EINEN GEFALLEN UND VERBANNT DIESEN OPTIMIERUNGSWAHN AUS EURER EHE.** Versucht erst gar nicht, eine noch bessere Ehefrau und Geliebte oder ein noch perfekterer Ehemann und Liebhaber zu sein. Ihr seid doch schon perfekt füreinander – oder habt ihr das etwa vergessen? Lasst den Optimierungswahnsinn einfach vor der Wohnungstür, schließt sie hinter euch, atmet aus und genießt in den eigenen vier Wänden eure gemeinsame Zeit – wie optimal ist das denn?

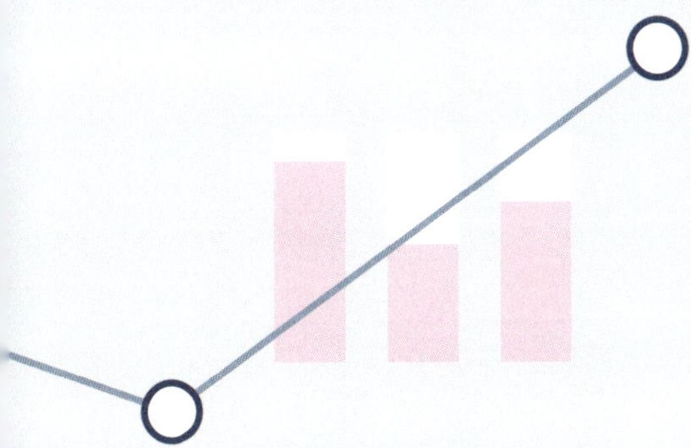

Die Wahrheit über Zweisamkeit

Ihr seid verrückt nacheinander, selbst kurze Trennungen sind euch ein Graus. Jede Stunde, nein, jede Minute wollt ihr miteinander verbringen. Das ist großartig, aber auf Dauer kann dieser siamesische Zustand eine Belastung für eure Ehe werden. *Wieso?*, fragt ihr jetzt verwundert, *Zweisamkeit ist doch der Inbegriff der Ehe.* Natürlich sollt ihr Zeit miteinander verbringen, am besten bis zu eurem

letzten Atemzug weit nach dem hundertsten Geburtstag. Doch mit den Jahren zieht auch bei euch der Alltag ein und der Wunsch nach ständiger Zweisamkeit lässt nach. **DANN KILLT DIE TÄGLICHE ROUTINE SCHLEICHEND DEN ANFÄNGLICHEN WUNSCH, DEN PARTNER STÄNDIG UM SICH ZU HABEN.** Das ist völlig normal, nur ist es dann gut, wenn ihr beide eigenständige Hobbies habt, die euch die Batterien auffüllen; oder getrennte Freunde, sodass dein Liebster ein Bier oder zwei mit seinen besten Kumpels trinken geht und deine Liebste mit ihren Freunden oder Freundinnen eines köpfen kann. Solche Alleingänge sind für eure Beziehung das Salz in der Suppe. Wenn ihr routiniert und „brav" eure getrennten Aktivitäten macht, sind sogar Urlaube mit anderen möglich. Stellt euch das mal vor! Und wenn ihr euch danach wieder in den Armen liegt, spürt ihr das Feuer der Leidenschaft wie am ersten Tag.

Die Wahrheit über

Charakterzüge

Dein Partner oder deine Partnerin hat richtig Mist gebaut in der Beziehung. Du bist fassungslos und stinkwütend. Du wartest nur auf den Moment, ihn oder sie zu konfrontieren. Das Adrenalin pumpt durch deinen Körper, dein Gesicht färbt sich bedrohlich. Und dann steht dein Lieblingsmensch vor dir, und du lässt deinem Ärger freien Lauf. Du formulierst harte Sätze, knallst Türen und schweigst verletzt den restlichen Tag. Bestimmt zu Recht, keiner sollte ständig seinen Ärger herunterschlucken, das schadet einer Ehe enorm. Aber den anderen über Gebühr zu bestrafen, ständig auf Fehlern und alten Vergehen herumzureiten, ist ebenfalls keine gute Verhaltensweise. Hier ist charakterliche Größe wichtig.

SPRINGT ÜBER EUREN SCHATTEN UND VERZEIHT, BESONDERS NACH HEFTIGEN AUSEINANDERSETZUNGEN. BEDINGUNGSLOS!

Großzügigkeit und Nachsicht sind die attraktivsten und edelsten Charakterzüge, die einen Menschen ausmachen. Wie erwachsen und weitsichtig ist es, deinem Liebling zu verzeihen. Den Schmerz hinter dir zu lassen, wieder den Moment miteinander zu genießen und womöglich eine Lehre daraus zu ziehen. Und es ist ja nicht so, dass du fehlerlos wärst. Wenn du das nächste Mal so richtig Mist baust, wird dir dein Schatz hoffentlich ähnlich nachsichtig und großzügig begegnen. Wie es in den Wald schallt ... ihr wisst schon.

Die Wahrheit über Gegensätze

Für ihn ist das Glas immer halbvoll – so viel positive Energie geht seiner Ehefrau auf den Nerv.
Auf Partys trinkt sie immer zu viel und lacht dann zu laut. Das ist ihrem Ehemann unangenehm.
Bei privaten Essenseinladungen schweigt er oft und lässt seine Ehefrau die Entertainerin spielen.
Das findet sie anstrengend.
Sie hält Spazierengehen für Sport und versteht nicht, warum ihr Ehemann dreimal die Woche intensiv trainiert.
Für sie sind gemütliche Abende auf der Couch mit einem guten Buch genug – während ihr Ehemann jeden Abend etwas anderes draußen in der Welt erleben möchte.

Diese Liste könnte endlos so weitergehen. Zeigt sie doch, dass bei noch so trauter Zweisamkeit viele Dinge von euch bestimmt sehr unterschiedlich wahrgenommen werden. **KLAR, DIESE UNTERSCHIEDLICHEN WAHRNEHMUNGEN SORGEN FÜR DISKUSSIONEN, ABER STELLT EUCH VOR, IHR WÜRDET WIE SIAMESISCHE ZWILLINGE ALLES IM GLEICHKLANG MACHEN UND FÜHLEN. EINE BEKLEMMENDE VORSTELLUNG, ODER?**

Wenn es jedoch einen von euch unbedingt nach mehr Einklang im Alltag verlangt, kauft euch zwei schicke rote Strickpullover und passende Cordhosen ... oder lieber beige ärmellose Wanderwesten? Ach, das ist dann des Gleichklangs zu viel? Na also, geht doch!

Die Wahrheit über Krankenpflege

Dein Liebster liegt mit fiebriger Erkältung im Bett. Er schwitzt und hustet vor sich hin. In dir wird sofort die Krankenschwester geweckt. Du kochst ihm Lindenblütentee, bettest ihn bequem mit Kissen und Decken. Lüftest und besorgst ihm Medikamente in der Apotheke. Nach einem anstrengenden Arbeitstag, du hast mehrmals nach seinem Wohlbefinden gefragt, lässt du es dir nicht nehmen, ihm eine gute Hühnerbrühe zu kochen, ihn mit Tee zu versorgen ... und so weiter.
Szenenwechsel:
Deine Liebste liegt mit fiebriger Erkältung im Bett. Sie hat rote Wangen und hustet. Du schaust kurz bei ihr rein, wünschst ihr gute Besserung und willst zur Arbeit. Sie fragt dich, ob du ihr schnell noch einen Tee kochen könntest. *Welchen?*, fragst du und schaust verstohlen auf die Uhr. Du bringst ihr den Tee und verlässt eilig die Wohnung. Am Abend kommst du wieder, und sie liegt immer noch im Bett. Ach ja, richtig. Sie war heute Morgen nicht fit ...

Kommen euch diese Szenen bekannt vor? Natürlich wird hier ein Klischee bemüht, aber in der Realität ist es leider oft so, dass Ehefrauen ihre Männer intensiver und liebevoller pflegen.
LIEBE MÄNNER, DAS WOLLT IHR DOCH NICHT AUF EUCH SITZENLASSEN? JE BESSER IHR EURE LIEBSTE UMSORGT, DESTO FITTER BLEIBT SIE. Und ihr werdet ja bekanntlich im Alter schneller pflegebedürftig, also investiert in eure geriatrische Zukunft.

Die Wahrheit über Hochzeitsrekorde

Lehnt euch zurück und lasst euch berieseln von bemerkenswerten bis zweifelhaften Hochzeits- und Eheerfolgen.
Für die teuerste Hochzeit der Welt wurden spektakuläre 900 Millionen Euro ausgegeben. Ein russischer Milliardär spendierte diese Summe für die Festivitäten seines Sohnes. Da wirkt eure Hochzeitsrechnung mit einem Schlag eher niedlich, oder? Solltet ihr euch jemals über die Getränkerechnung geärgert haben ...
Am längsten verheiratet waren das indische Paar Karam (Alter 110) und Katari (Alter 103) Chand – unfassbare 90 Jahre! Ist euer Ehrgeiz nun geweckt? Solltet ihr auch nur die Hälfte der Zeit schaffen: immerhin stolze 45 Jahre, seid ihr im Ehe-Olymp angekommen.

Das absolute Gegenteil zu dem Paar aus Indien findet man, wo könnte es anders sein, in Hollywood. Dort haben es ein paar berühmte Schauspieler auf unglaubliche acht Ehen gebracht. Darunter die Diven Zsa Zsa Gabor und Liz Taylor. Aber diese Info vergesst ihr ganz schnell wieder ...

LAUT SENSATIONSPRESSE DAUERTE DIE KÜRZESTE EHE VOLLE DREI MINUTEN UND FAND IN KUWAIT STATT. FRISCH VERMÄHLT STOLPERTE DIE BRAUT BEIM AUSZUG ZUR GROSSEN BELUSTIGUNG IHRES EHEMANNES.

Geschockt über seine Reaktion lief sie zum Standesbeamten zurück und bat um die Scheidung, die dieser bewilligte. Tja, wie konnte sie so einen Stinkstiefel überhaupt heiraten?

Die Wahrheit über Liebesbotschaften

Ewig dein, ewig mein, ewig uns

Es müssen ja nicht gleich so große Worte für die Ewigkeit sein, wie sie damals Ludwig van Beethoven an seine „unsterbliche Geliebte" schrieb. Aber eure Gefühle füreinander schriftlich festzuhalten, ist eine wunderbare Art, eure Liebe auszudrücken.

Jetzt denkt ihr vielleicht: *O Hilfe, die Poesiealben- und Freundschaftsbuchzeiten liegen eine gefühlte Ewigkeit zurück. Und im Deutschaufsatz hatte ich immer eine vier.*
Keiner erwartet, dass ihr druckreif, wie Ingeborg Bachmann an Paul Celan oder wie Jean-Paul Sartre an Simone de Beauvoir, schreibt. Wie wäre es denn, wenn ihr euch vorsichtig herantastet, zum Beispiel in Form gut ausgewählter Postkarten mit einem kleinen Liebessatz? Dass ist auf alle Fälle eine Liga über dem gelben Post-it-Zettel, den ein *I Love You* ziert. Eine romantische Textnachricht, wenn es denn digital sein soll, geht auch. ARBEITET EUCH LANGSAM VOR ZUM HANDGESCHRIEBENEN LIEBESGESTÄNDNIS. ES LOHNT SICH, DENN DEIN LIEBSTER ODER DEINE LIEBSTE WIRD ES FÜR EWIG AUFBEWAHREN, UND JEDES MAL WIRD DIE LEKTÜRE EIN LÄCHELN AUF SEIN ODER IHR GESICHT ZAUBERN. Es gehört Mut dazu, seine Gefühle schwarz auf weiß auf Papier zu bringen, aber ihr seid schon einmal mutig gewesen und habt Ja gesagt. Und sich bedeutungsschwere Worte aus der Weltliteratur zu leihen, ist allemal erlaubt.

Die Wahrheit über das Eheleben im Alter

Wie wollt ihr sein als altes Paar, wenn ihr dreißig oder gar vierzig Ehejahre auf euren krummen Buckeln habt? Jetzt denkt ihr vielleicht, *Das ist noch so weit weg, darüber machen wir uns doch als frisch Getraute keine Gedanken.* Doch schon der römische Dichter Ovid hat es erkannt: Wehre den Anfängen. Schaut euch doch beim nächsten Spaziergang mal genauer die alten Paare an. In unserer überalterten Gesellschaft sollte das einfach sein. Da gibt es die Stummen, die sich nur noch das Nötigste sagen, oder die Kritteler, die nur noch Negatives über den Partner und natürlich über den Rest der Welt äußern, oder die strammen Spaziergänger in gleichfarbiger Funktionskleidung – Paare, die sich über die Jahre so aneinander angeglichen haben, dass sie von hinten kaum zu unterscheiden sind, manchmal auch noch nicht mal von vorne. Gruselige Vorstellung, oder?

ABER ES GIBT AUCH DIE URALTEN LÄCHELNDEN HÄNDCHENHALTER, DIE VITALEN GRAUHAARIGEN, DIE FITTER UNTERWEGS SIND ALS MANCHER VIERZIGJÄHRIGER, UND NATÜRLICH DIE INDIVIDUALISTEN, DIE SOWIESO SCHON IMMER IHRE EIGENEN WEGE GEGANGEN SIND UND DENEN DAS ALTER NICHTS ENTGEGENZUSETZEN HAT. Wie wollt ihr später mal wahrgenommen werden? Überlegt es euch gut und fangt heute noch an, euch entsprechend zu verhalten. Denn die Zeit vergeht wie im Flug.

Text: Alexandra Löhr

Illustration, Layout und Satz: Stefanie Wawer

Gesamtherstellung: AZ Druck und Datentechnik GmbH, Kempten

Aus Verantwortung für die Umwelt hat sich die Verlagsgruppe Droemer Knaur zu einer nachhaltigen Buchproduktion verpflichtet. Der bewusste Umgang mit unseren Ressourcen, der Schutz unseres Klimas und der Natur gehören zu unseren obersten Unternehmenszielen. Gemeinsam mit unseren Partnern und Lieferanten setzen wir uns für eine klimaneutrale Buchproduktion ein, die den Erwerb von Klimazertifikaten zur Kompensation des CO_2-Ausstoßes einschließt. Weitere Informationen finden Sie unter: www.klimaneutralerverlag.de

Wunderbare Wahrheiten über das Eheleben
ISBN 978-3-8485-0078-9

www.geschenkverlage.de

FSC www.fsc.org
MIX
Papier | Fördert gute Waldnutzung
FSC® C008457

1 2 3 4 5